Contents

a

adult
duine
fásta
(daoine
fásta *pl*)

after
i ndiaidh
after dinner
i ndiaidh an dinnéir

afternoon
tráthnóna
(tráthnónta *pl*)
at three o'clock in the
afternoon
ar a trí a chlog
tráthnóna

again
arís
Try ***again****!*
Triail ***arís*** *é!*

airport
aerfort

alien
eachtrán

alphabet
aibítir

ambulance
otharcharr
(otharcharranna *pl*)

and
agus
my brother
and *me*
mise ***agus***
mo dheartháir

animal
ainmhí
(ainmhithe *pl*)

apple
úll
(úlla *pl*)

arm
lámh
(lámha *pl*)

ask
fiafraigh de
Ask *somebody.*
Fiafraigh de
dhuine éigin.

b

balloon
balún

bed
leaba
(leapacha pl)

banana
banana

baby
leanbh
(leanaí pl)

bedroom
seomra leapa

basket
ciseán

bad
droch-
bad weather
drochaimsir

bath
folcadán

before
roimh
before three o'clock
roimh a trí a chlog

bag
mála

beach
trá
(tránna pl)

bicycle
rothar

ball
peil

3

big
mór
*a **big** house*
*teach **mór***

blanket
blaincéad

book
leabhar

blue
gorm
*a **blue** dress*
*gúna **gorm***

boot
buatais

bird
éan

birthday
breithlá

boat
bád

box
bosca

boy
gasúr

black
dubh
*a **black** car*
*carr **dubh***

body
corp

4

bread
arán

brother
deartháir
(deartháireacha *pl*)

butter
im

breakfast
bricfeasta

butterfly
féileacán

bucket
buicéad

bridge
droichead

burger
burgar

bring
tabhair
*Please **bring** me a glass of water.*
***Tabhair** gloine uisce dom le do thoil.*

buy
ceannach
*She's **buying** bread.*
*Tá sí **ag ceannach** aráin*

bus
bus
(busanna *pl*)

a
b
c
d
e
f
g
h
i
j
k
l
m
n
o
p
q
r
s
t
u
v
w
x
y
z

C

candle
coinneal
(coinnle *pl*)

castle
caisleán

cap
caipín

cake
cáca

car
carr
(carranna *pl*)

cat
cat

calendar
féilire

card
cárta

chair
cathaoir
(*cathaoireacha*)

carpet
cairpéad

cheese
cáis

call
glaoigh ar
Call this number.
Glaoigh ar an uimhir seo.

chicken
sicín

carrot
cairéad

a b c d e f g h i j k l m n o p q r s t u v w x y z

child
páiste

circle
ciorcal

clock
clog

clothes
éadaí *pl*

chocolate
seacláid

circus
sorcas

chopsticks
cipíní
itheacháin *pl*

classroom
seomra ranga

cloud
scamall

cinema
pictiúrlann

clean
glan
*a **clean** shirt*
*léine **ghlan***

clown
fear grinn
(fir ghrinn *pl*)

a
b
c
d
e
f
g
h
i
j
k
l
m
n
o
p
q
r
s
t
u
v
w
x
y
z

coat
cóta

computer
ríomhaire

cow
bó
(ba *pl*)

coffee
caife

cook
He is **cooking**.
Tá sé **ag cócaireacht**.

cry
goil
Why are you **crying**?
Cad chuige a bhfuil tú **ag gol**?

cold
fuar
The water's **cold**.
Tá an t-uisce **fuar**.

costume
feisteas

curtain
cuirtín

come
tar
Come with me.
Tar liomsa.

countryside
an tuath

d

dad
daid
(daideanna *pl*)

daughter
iníon
(iníonacha *pl*)

day
lá
(laethanta *pl*)
*What **day** is it today?*
*Cén **lá** é inniu?*

dinner
dinnéar

dinosaur
dineasár

dance
*I like **dancing**.*
Is maith liom
bheith ag
***damhsa**.*

dessert
milseog

dictionary
foclóir

dirty
salach
*My shoes are **dirty**.*
*Tá mo bhróga **salach**.*

dangerous
contúirteach
*It's **dangerous**!*
*Tá sé **contúirteach**!*

difficult
deacair
*It's **difficult**.*
*Tá sé **deacair**.*

do
déan
*What are you **doing**?*
*Cad tá tú **a dhéanamh**?*

doctor
dochtúir

door
doras
(doirse pl)

dream
brionglóid

dog
madra

downstairs
thíos staighre
I'm **downstairs**!
Tá mé **thíos staighre**!

dress
gúna

doll
bábóg

dragon
dragan

drink
ól
Drink your milk.
Ól do chuid bainne.

dolphin
deilf
(deilfeanna pl)

draw
tarraing
Draw a house.
Tarraing teach.

duck
lacha
(lachain pl)

DVD
DVD
(DVDanna pl)

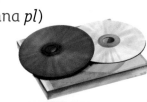

a b c d e f g h i j k l m n o p q r s t u v w x y z

e

ear
cluas

Earth
an Domhan

easy
furasta
*It's **easy**!*
*Tá sé **furasta**!*

eat
ith
*I **eat** a lot of sweets.*
Ithim a lán milseán.

egg
ubh
(uibheacha *pl*)

elephant
eilifint

email
ríomhphost

empty
folamh
*The bottle is **empty**.*
*Tá an buidéal **folamh**.*

evening
tráthnóna
(tráthnónta *pl*)
at six o'clock in the
evening
ar a sé a chlog
***tráthnóna**.*

every
gach
***every** day*
***gach** lá*

exercise
cleachtadh
(cleachtaí *pl*)

eye
súil
(súile *pl*)

f

father
athair
(aithreacha pl)

fire
tine
(tinte pl)

face
aghaidh
(aghaidheanna *pl*)

favourite
*Blue's **my favourite** colour.
Gorm an dath **is fearr
liom**.*

fireworks
tinte ealaíne *pl*

fairy
síóg

family
teaghlach

find
faigh
*I can't **find** my bag.
Ní **fhaighim** mo mhála.*

first
céad
*the **first** day
an **chéad** lá*

fast
go gasta
*You walk
fast.
Siúlann tú **go
gasta**.*

finger
méar

fish
iasc
(éisc pl)

floor
urlár
*Sit on the **floor**.*
*Suigh ar an **urlár**.*

flower
bláth
(bláthanna *pl*)

fly
cuileog

food
bia

football
peil

forest
foraois

fork
forc

fridge
cuisneoir

friend
cara
(cairde *pl*)

frog
frog
(froganna *pl*)

from
ó
*a letter **from** my friend*
*litir **ó** mo chara*

fruit
toradh
(torthaí *pl*)

full
lán
*The bottle's **full**.*
*Tá an buidéal **lán**.*

funny
greannmhar
*It's very **funny**.*
*Tá sé an-**ghreannmhar**.*

a
b
c
d
e
f
g
h
i
j
k
l
m
n
o
p
q
r
s
t
u
v
w
x
y
z

g

game
cluiche

garage
garáiste

garden
gairdín

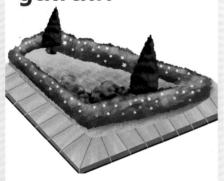

ghost
taibhse

giant
fathach

giraffe
sioráf

girl
cailín

give
tabhair
Give me the book, please.
Tabhair *dom an leabhar, le do thoil.*

glass
gloine

glasses
spéaclaí *pl*

glove
miotóg

glue
gliú

go
téigh
*Where are you **going**?*
*Cá bhfuil tú **ag dul**?*

goodbye
slán

grow
fás
***Haven't** you **grown**!*
*Nach tú a **d'fhás** ó shin!*

goat
gabhar

grapes
caora fíniúna *pl*

guinea pig
muc ghuine

grass
féar

goldfish
iasc órga
(éisc órga *pl*)

guitar
giotár

ground
talamh
(tailte *pl*)
*We sat on the **ground**.*
*Shuíomar ar an **talamh**.*

good
maith
*That's a **good** idea.*
*Sin smaoineamh **maith**.*

h

happy
sona
*She is **happy**.*
*Tá sí **sona**.*

head
ceann
(cinn *pl*)

hear
cluin
*I can't **hear** you.*
*Ní **chluinim** thú.*

hair
gruaig
*He's got black **hair**.*
*Tá **gruaig** dhubh air.*

hard
crua
*This cheese is very **hard**.*
*Tá an cháis seo an-**chrua**.*

hedgehog
gráinneog

hairdresser
gruagaire

hat
hata

helicopter
héileacaptar

hamster
hamstar

hello
dia duit

hand
lámh
(lámha *pl*)

have
*I **have** a bike.*
***Tá** rothar **agam**.*

16

here
anseo
*I live **here**.*
*Tá mé i mo chónaí **anseo**.*

hide
*She's **hiding** under the bed.*
*Tá sí **i bhfolach** faoin leaba.*

holiday
saoire
*We're on **holiday**.*
*Táimid ar **saoire**.*

homework
obair bhaile

horse
capall

hospital
ospidéal

hot
te
*a **hot** bath*
*folcadh **te***

hour
uair an chloig
(uaireanta an chloig *pl*)

house
teach
(tithe *pl*)

hungry
*I'm **hungry**.*
Tá ocras orm.

hurry up
déan deifir
***Hurry up**, children!*
***Déanaigí deifir**, a pháistí!*

husband
fear céile
(fir chéile *pl*)

a
b
c
d
e
f
g
h
i
j
k
l
m
n
o
p
q
r
s
t
u
v
w
x
y
z

i

j

jigsaw
míreanna mearaí *pl*

ice cream
uachtar reoite

jacket
seaicéad

job
jab
(jabanna *pl*)

idea
smaoineamh
(smaointe *pl*)

jam
subh

juice
sú
*I'd like a glass of orange **juice**.*
*Ba mhaith liom gloine **sú** oráiste.*

insect
feithid

island
oileán

jeans
brístí géine *pl*

jump
léim
Jump!
Léim!

k

kind
cineálta
a **kind** person
duine **cineálta**

keep
coinnigh
You can **keep** the book.
Féadann tú an leabhar **a choinneáil**.

king
rí
(ríthe *pl*)

kiss
póg
Give me a **kiss**.
Tabhair dom **póg**.

key
eochair
(eochracha *pl*)

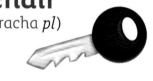

kid
páiste

kitchen
cistin
(cistineacha *pl*)

kite
eitleog

kitten
piscín

knee
glúin
(glúine *pl*)

knife
scian
(sceana *pl*)

know
I don't know.
Níl a fhios agam.

laptop
ríomhaire
glúine

leg
cos

lemon
líomóid

lady
bean
(mná *pl*)

late
mall
*I'll be **late** for school.*
*Beidh mé **mall** ag an scoil.*

less
níos lú
*I've got **less**!*
*Tá **níos lú** agamsa!*

lake
loch
(lochanna *pl*)

laugh
déan gáire
*Why are you **laughing**?*
*Cad chuige a bhfuil tú **ag gáire**?*

lamb
uan

learn
foghlaim
*I'm **learning** to dance.*
*Tá mé **ag foghlaim** damhsa.*

letter
litir
(litreacha *pl*)

lamp
lampa

light
solas
(soilse *pl*)

a b c d e f g h i j k **l** m n o p q r s t u v w x y z

like
I like cherries.
Is maith liom *silíní.*

lion
leon

listen
éist
Listen *to me!*
Éist *liom!*

little
beag
*a **little** girl*
girseach
bheag

live
*I **live** here.*
*Tá mé **i mo chónaí** anseo.*

look
amharc
Look at *the picture.*
Amharc *ar an bpictiúr.*

lose
caill
*I've **lost** my purse.*
Chaill *mé mo sparán.*

lost
caillte
*I'm **lost**.*
*Tá mé **caillte**.*

loud
ard
*It's too **loud**.*
*Tá sé ró-**ard**.*

love
*I **love you**.*
Mo ghrá thú.

lucky
*You're **lucky**!*
Tá an t-ádh ort!

lunch
lón
(lónta pl)

m

many
mórán
*He hasn't got **many** friends.*
*Níl **mórán** cairde aige.*

meet
buail le
*I **met** my friend in town.*
Bhuail mé le mo chara sa bhaile mór.

magician
draíodóir

market
margadh
(margaí *pl*)

mermaid
maighdean mhara

make
déan
*I'm going **to make** a cake.*
*Tá mé chun cáca **a dhéanamh**.*

meal
béile

meat
feoil

mess
praiseach
*The place is a **mess**.*
*Tá an áit ina **praiseach**.*

man
fear
(fir *pl*)

medicine
cógais *pl*

milk
bainne

a b c d e f g h i j k l m n o p q r s t u v w x y z

money
airgead

monkey
moncaí

monster
ollphéist
(ollphéisteanna *pl*)

month
mí
(míonna *pl*)
What **month** *is it?*
Cén **mhí** *é?*

moon
gealach

more
níos mó
There are **more** *girls than boys.*
Tá **níos mó** *cailíní ná buachaillí ann.*

morning
maidin
(maidineacha *pl*)
at seven o'clock **in the morning**
ar a seacht a chlog **ar maidin**

mother
máthair
(máithreacha *pl*)

motorbike
gluaisrothar

mountain
sliabh
(sléibhte *pl*)

mouse
luchóg

mouth
béal

mum
mam
(mamanna *pl*)

music
ceol

n

newspaper
nuachtán

noise
callán

name
ainm
(ainmneacha *pl*)

next
the **next street** on the left
an **chéad sráid eile** ar chlé

nose
srón

nothing
rud ar bith
He does **nothing**.
Ní dhéanann sé
rud ar bith.

need
I need a rubber.
Tá scriosán uaim.

nice
deas
He's nice.
Tá sé deas.

now
anois
Do it now!
Déan anois é!

neighbour
comharsa
(comharsana *pl*)

night
oíche
(oícheanta *pl*)

number
uimhir
(uimhreacha *pl*)

123

nurse
banaltra

o

p

only
aon
*my **only** dress*
***an t-aon** ghúna atá agam*

of
de
*photos **of** my family*
*grianghraif **de** mo theaghlach*

open
oscail
*Can **I open** the window?*
*An cuma má **osclaím** an fhuinneog?*

old
sean
*an **old** dog*
***sean**mhadra*

other
eile
*on the **other** side of the street*
*ar an taobh **eile** den tsráid*

page
leathanach

paint
péinteáil
*I'm going to **paint** it green.*
*Tá mé chun é **a phéinteáil** glas.*

paper
páipéar

parents
tuismitheoirí *pl*

passport
pas
(pasanna *pl*)

people
daoine *pl*

pasta
pasta

pet
peata

park
páirc
(páirceanna *pl*)

peas
piseanna *pl*

photo
grianghraf

pen
peann
(pinn *pl*)

party
cóisir

piano
pianó
(pianónna *pl*)

pencil
peann luaidhe
(pinn luaidhe *pl*)

a b c d e f g h i j k l m n o **p** q r s t u v w x y z

picnic
picnic

plane
eitleán

plant
planda

pocket
póca

pocket money
airgead póca

picture
pictiúr

plate
pláta

play
imir

I play tennis.
Imrím leadóg.

policeman
póilín

pirate
foghlaí mara

playground
páirc súgartha
(páirceanna súgartha *pl*)

pony
capaillín

pizza
pizza

postcard
cárta poist

pretty
gleoite
*a **pretty** dress*
*gúna **gleoite***

puppet
puipéad

postman
fear poist
(fir phoist *pl*)

prince
prionsa

puppy
coileán

pushchair
bugaí linbh

potato
práta

princess
banphrionsa

pyjamas
pitseámaí *pl*

present
bronntanas

q

r

rainbow
tuar ceatha
(tuartha ceatha *pl*)

queen
banríon
(banríonacha *pl*)

rabbit
coinín

read
léigh
I read a lot.
Léim cuid mhór.

quick
gasta
a quick lunch
lón gasta

race
rás

radio
raidió

ready
réidh
Breakfast is ready.
Tá an bricfeasta réidh.

quiet
suaimhneach
a quiet little town
baile beag suaimhneach

rain
fearthainn

red
dearg
a red T-shirt
T-léine dhearg

a
b
c
d
e
f
g
h
i
j
k
l
m
n
o
p
q
r
s
t
u
v
w
x
y
z

29

remember
I can't remember his name.
Ní cuimhin liom *a ainm.*

right
ceart
*It isn't the **right** size.*
*Níl sé ar an mhéid **cheart**.*

robot
róbat

rocket
roicéad

restaurant
bialann

ring
fáinne

river
abhainn
(aibhneacha *pl*)

room
seomra

rice
rís

rich
saibhir
*He's very **rich**.*
*Tá sé an-**saibhir**.*

road
bóthar
(bóithre *pl*)

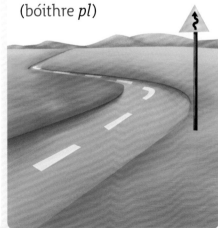

run
rith
Run!
Rith!

S

sad
buartha
*Don't be **sad**.*
*Ná bí **buartha**.*

same
céanna
*They're in the **same** class.*
*Tá siad sa rang **céanna**.*

sand
gaineamh

sandwich
ceapaire

say
abair
*What **did you say**?*
*Cad a **dúirt tú**?*

school
scoil
(scoileanna *pl*)

scissors
siosúr *sg*

sea
farraige

second
dara

see
feic
*I **can see** her car.*
***Feicim** a carr.*

sell
díol
*He's **selling** his bike.*
*Tá sé **ag díol** a rothair.*

send
cuir
Send *me an email.*
Cuir *ríomhphost chugam.*

shadow
scáth
(scáthanna *pl*)

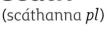

sheep
caora
(caoirigh *pl*)

shirt
léine
(léinte *pl*)

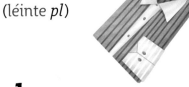

shoe
bróg

shop
siopa

shorts
bríste
gearr *sg*

shout
béic
Don't shout, *children!*
Ná bígí ag béiceadh,
a pháistí!

show
taispeáin
Show *me the photos.*
Taispeáin *na grianghraif
dom.*

shower
cithfholcadán

sick
tinn
He is **sick**.
Tá sé **tinn**.

sing
can
I sing *in the choir.*
Canaim *sa chór.*

sister
deirfiúr
(deirfiúracha *pl*)

sit
suigh
*Can I **sit** here?*
*An bhféadfainn **suí** anseo?*

skin
craiceann
(craicne *pl*)

skirt
sciorta

sky
spéir
(spéartha *pl*)

sleep
codail
*My cat **sleeps** in a box.*
***Codlaíonn** mo chat i mbosca.*

slow
mall
*The tortoise is very **slow**.*
*Tá an toirtís an-**mhall**.*

smell
*Mmm, that **smells** good!*
*Mmm, tá **boladh** deas as!*

smile
miongháire

snail
seilide

snake
nathair
(nathracha *pl*)

snow
sneachta

snowman
fear sneachta
(fir shneachta *pl*)

soap
gallúnach

sock
stoca

sofa
tolg

son
mac
(mic *pl*)

sorry
I'm sorry!
Tá brón orm!

soup
anraith

spaceship
spásárthach

speak
Do you speak French?
An bhfuil Fraincis agat?

spider
damhán alla

spoon
spúnóg

sport
spórt

square
cearnóg

stairs
staighre

star
réalta

station
stáisiún

stick
greamaigh
Stick it onto the paper.
Greamaigh den pháipéar é.

sticker
greamán

stone
cloch

stop
stad
Stop, that's enough!
Stad de sin!

story
scéal
(scéalta *pl*)

street
sráid
(sráideanna *pl*)

strong
láidir
She's very **strong**.
Tá sí an-**láidir**.

sun
grian

supermarket
ollmhargadh
(ollmhargaí *pl*)

surprise
What a surprise!
Níor shamhlaigh mé riamh é!

swim
I can swim.
Tá snámh agam.

swimming pool
linn snámha
(linnte snámha *pl*)

t

table
tábla

take
tóg
Take a card.
Tóg cárta.

talk
You **talk** too much.
Tá an iomarca cainte agat.

tall
ard
a very **tall** building
foirgneamh an-**ard**

taxi
tacsaí

tea
tae

teddy bear
béirín

telephone
guthán

television
teilifís

text message
teachtaireacht téacs

thank you
go raibh maith agat

36

think
smaoinigh
*What are you **thinking** about?*
*Cad air a bhfuil tú **ag smaoineamh**?*

third
tríú
*the **third** prize*
*an **tríú** duais*

tie
carbhat

tiger
tíogar

tired
I'm tired.
Tá tuirse orm.

toast
tósta

today
inniu
*It's Monday **today**.*
***Inniu** an Luan.*

together
le chéile

toilet
leithreas

tomato
tráta

tomorrow
amárach
*See you **tomorrow**!*
*Feicfidh mé **amárach** thú!*

tooth
fiacail
(fiacla pl)

toothbrush
scuab fiacla

toothpaste
taos fiacla

toy
bréagán

tree
crann

tortoise
toirtís

tractor
tarracóir

triangle
triantán

towel
tuáille

train
traein
(traenacha *pl*)

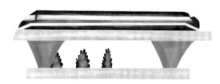

trousers
treabhsar

town
baile mór
(bailte móra *pl*)

treasure
stór
(stórtha *pl*)

T-shirt
T-léine
(T-léinte *pl*)

a b c d e f g h i j k l m n o p q r s **t** u v w x y z

u

up
*The cat is **up** on the roof.*
*Tá an cat **in airde** ar an díon.*

umbrella
**scáth
fearthainne**
(scáthanna fearthainne *pl*)

**upstairs
suas staighre**
*to go **upstairs***
*dul **suas staighre***

**understand
tuig**
*I don't **understand**.*
*Ní **thuigim**.*

**uniform
éide**

v

**very
an-**
***very** small*
***an**-bheag*

**vet
tréidlia**
(tréidlianna *pl*)

**video game
físchluiche**

visit
*We're going **to visit** the castle.*
*Táimid chun **cuairt a thabhairt** ar an gcaisleán.*

**vanilla
fanaile**
***vanilla** ice cream*
*uachtar reoite **fanaile***

**vegetable
glasra**

w

wait
fan
Wait for me!
Fan liomsa!

wake up
múscail
Wake up!
Múscail!

walk
siúil
He walks fast.
Siúlann sé go gasta.

wall
balla
There are posters on the wall.
Tá póstaeir ar an mballa.

want
Do you want some cake?
An bhfuil píosa cáca uait?

warm
te
warm water
uisce te

wash
nigh
Wash your hands!
Nigh do lámha!

watch
uaireadóir

water
uisce

wave
tonn
(tonnta *pl*)

wear
caith
He's wearing a hat.
Tá sé ag caitheamh hata.

webcam
ceamara gréasáin

40

website
suíomh gréasáin
(suíomhanna gréasáin *pl*)

week
seachtain
(seachtainí *pl*)
I play football every **week**.
Imrím peil gach **seachtain**.

weekend
deireadh seachtaine
(deirí seachtaine *pl*)
I play tennis at the **weekend**.
Imrím leadóg ag an **deireadh seachtaine**.

welcome
fáilte

well
go maith
She played **well**.
D'imir sí **go maith**.

wheelchair
cathaoir rothaí
(cathaoireacha rothaí *pl*)

white
bán
I'm wearing a **white** *shirt.*
Léine **bhán** *atá orm.*

wife
bean chéile
(mná céile *pl*)

wild
fiáin
a **wild** *animal*
ainmhí **fiáin**

win
buaigh
I always **win**.
Buaim *i gcónaí.*

wind
gaoth

window
fuinneog

winner
buaiteoir

witch
cailleach

with
le

Come **with me**.
Tar **liomsa**.

without
gan

without a coat
gan chóta

wolf
mac tíre
(mic thíre *pl*)

woman
bean
(mná *pl*)

word
focal

work
obair

She works in a bank.
Tá sí ag obair i mbanc.

world
domhan

write
scríobh

*I'm **writing** to my friend.*
*Tá mé **ag scríobh** chuig mo chara.*

wrong
mícheart

*That answer is **wrong**.*
*Tá an freagra sin **mícheart**.*

a b c d e f g h i j k l m n o p q r s t u v **w** x y z

42

x

y

young
óg
She's **young**.
Tá sí **óg**.

X-ray
x-gha
(x-ghathanna *pl*)

year
bliain
(blianta *pl*)
I'm seven **years** old.
Tá mé seacht **mbliana** d'aois.

z

yellow
buí
I'm wearing **yellow** shorts.
Tá bríste gearr **buí** orm.

zebra
séabra

xylophone
xileafón

yesterday
inné
I was late **yesterday**.
Bhí mé mall **inné**.

zoo
zú
(zúnna *pl*)

Ainmhithe
Animals

cat
cat

crogall
crocodile

séabra
zebra

eilifint
elephant

nathair
snake

piongain
penguin

44 **sioráf**
giraffe

mac tíre
wolf

laghairt
lizard

capall
horse

bó
cow

madra
dog

leon
lion

dobhareach
hippo

panda
panda

tíogar
tiger

éan
bird

coinín
rabbit

iasc
fish

caora
sheep

moncaí
monkey

cangarú
kangaroo

45

Baile mór
Town

siopa báicéara
bakery

banc
bank

ollmhargadh
supermarket

sráid
street

siopa
shop

ospidéal
hospital

46

stáisiún
station

oifig an phoist
post office

páirc
park

eitleán
plane

bus
bus

traein
train

carr
car

rothar
bike

bialann
restaurant

pictiúrlann
cinema

músaem
museum

cosán
pavement

margadh
market

47

Scoil
School

scriosán
rubber

bioróir
pencil sharpener

cás peann luaidhe
pencil case

dalta
pupil

mála scoile
schoolbag

áit súgartha
playground

sleamhnán
slide

timpeallán spraoi
roundabout

luascán
swing

seomra ranga
classroom

peann luaidhe
pencil

peann
pen

rialóir
ruler

cóipleabhar
exercise book

póstaer
poster

cathaoir
chair

ríomhaire
computer

deasc
desk

cófra
cupboard

clár bán idirghníomhach
interactive whiteboard

múinteoir
teacher

49

Teach
House

áiléar
attic

garáiste
garage

seomra leapa
bedroom

seomra bia
dining room

seomra folctha
bathroom

staighre
stairs

**seomra
teaghlaigh**
living room

díon
roof

cistin
kitchen

seomra staidéir
study

doras
door

fuinneog
window

gairdín
garden

Seomra leapa
Bedroom

clog aláraim
alarm clock

leaba
bed

bréagán
toy

ríomhaire
computer

seinnteoir dlúthdhioscaí
CD player

cóifrín cois leapa
bedside table

cófra tarraiceán
chest of drawers

seilf leabhar
bookshelf

cuirtíní
curtains

vardrús
wardrobe

lampa
lamp

scáthán
mirror

pitseámaí
pyjamas

piliúr
pillow

duivé
duvet

slipéir
slippers

deasc
desk

51

Bia
Food

brioscáin phrátaí
crisps

briosca
biscuit

uisce
water

pláta
plate

cupán
cup

scian
knife

forc
fork

spúnóg
spoon

úll
apple

oráiste
orange

cairéid
carrots

sailéad
salad

im
butter

cáis
cheese

sceallóga
chips

uachtar reoite
ice cream

arán
bread

burgar
burger

sicín
chicken

sú torthaí
fruit juice

bainne
milk

pasta
pasta

ceapaire
sandwich

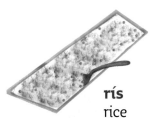
píotsa
pizza

rís
rice

seacláid
chocolate

53

Lá breithe sona!
Happy birthday!

cáca
cake

cara
friend

mamó
grandma

daideo
granddad

cárta
card

brioscáin phrátaí
crisps

líomanáid
lemonade

balún
balloon

ceamara
camera

coinneal
candle

daid
dad

mam
mum

deirfiúr
sister

bronntanas
present

milseáin
sweets

deartháir 55
brother

Corp
Body

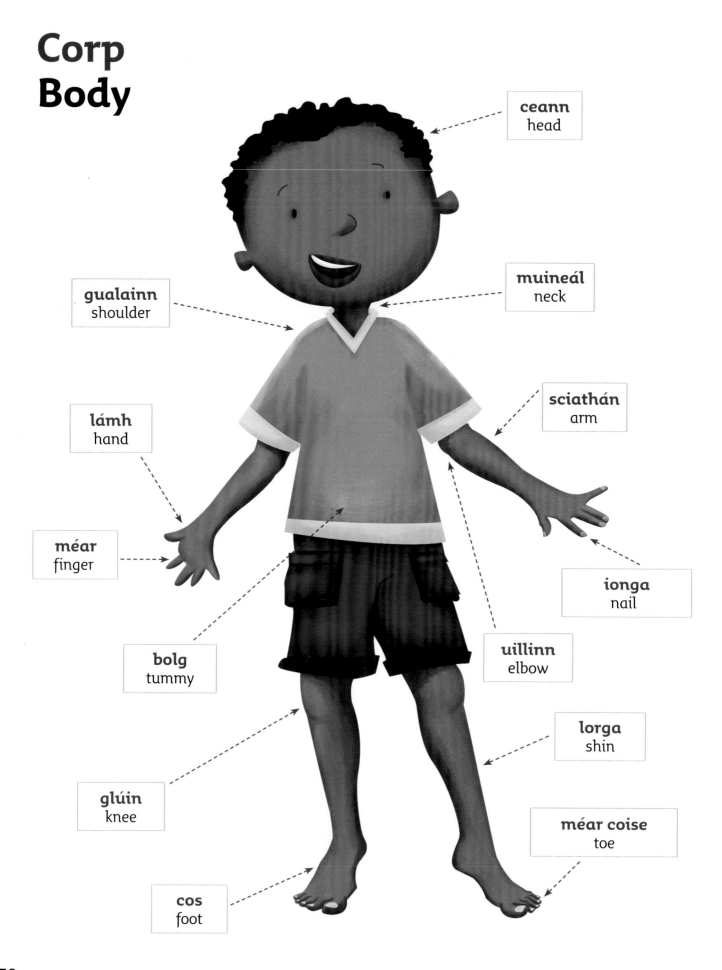

ceann
head

muineál
neck

gualainn
shoulder

sciathán
arm

lámh
hand

méar
finger

ionga
nail

bolg
tummy

uillinn
elbow

lorga
shin

glúin
knee

méar coise
toe

cos
foot

Aghaidh
Face

gruaig
hair

súil
eye

cluas
ear

liopa
lip

srón
nose

béal
mouth

leiceann
cheek

smig
chin

fiacla
teeth

Dathanna
Colours

dubh
black

gorm
blue

donn
brown

glas
green

liath
grey

dúghorm
navy

flannbhuí
orange

bándearg
pink

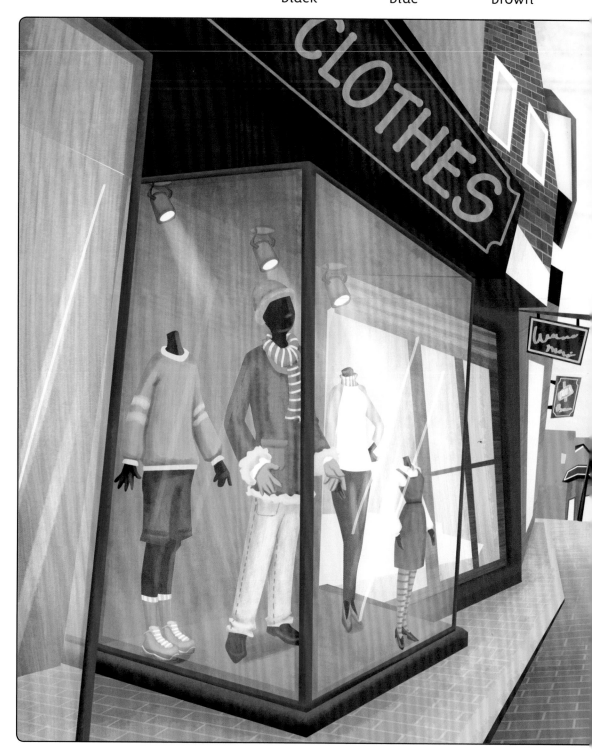

corcra
purple

dearg
red

bán
white

buí
yellow

Éadaí
Clothes

léine aclaíochta
sweatshirt

gúna
dress

seaicéad
jacket

brístí géine
jeans

scairf
scarf

miotóga
gloves

cóta
coat

geansaí
jumper

bróga
shoes

léine
shirt

stocaí
socks

caipín
cap

caipín olla
woolly hat

barrchóir
top

riteoga
tights

treabhsar
trousers

T-léine
T-shirt

sciorta
skirt

bróga spóirt
trainers

59

Cur síos ar dhaoine
Describing people

Tá mé te.
I'm hot.

Tá mé fuar.
I'm cold.

Tá codladh orm.
I'm sleepy.

Tá ocras orm.
I'm hungry.

Tá tart orm.
I'm thirsty.

Tá sí sona.
She's happy.

Tá mé cliste.
I'm clever.

Tá mé buartha.
I'm sad.

Conversations
Comhráite

63

Cad is maith leat a dhéanamh?
What do you enjoy doing?

Is maith liom...
I like...

bheith ag damhsa
dancing

canadh
singing

an giotár a sheinm
playing guitar

an pianó a sheinm
playing piano

dul ag rothaíocht
riding my bike

peil a imirt
playing football

cispheil a imirt
playing basketball

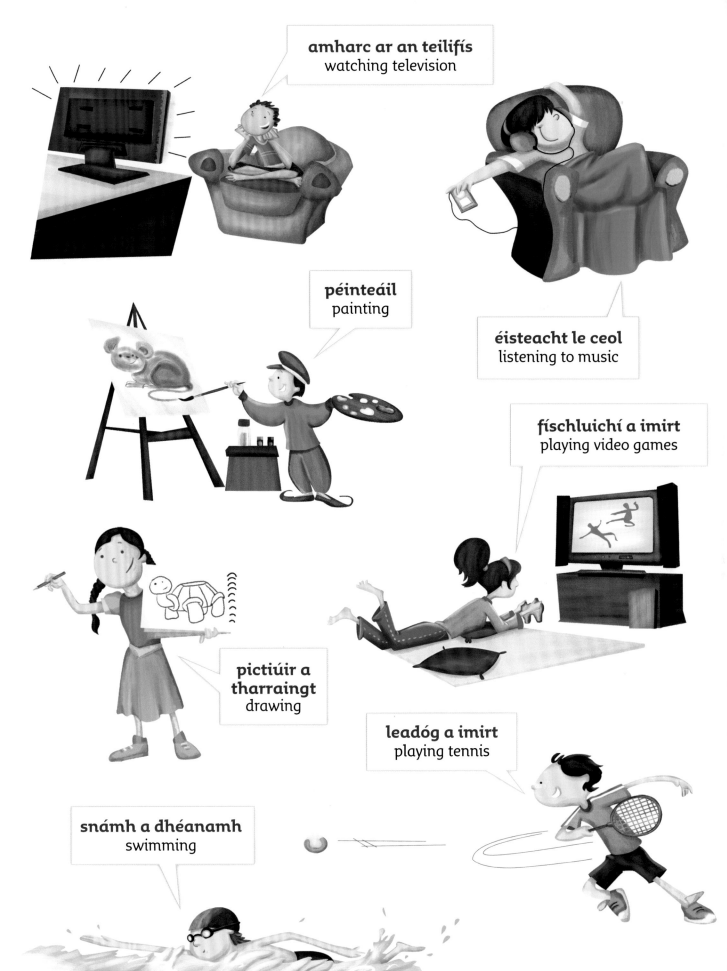

amharc ar an teilifís
watching television

péinteáil
painting

éisteacht le ceol
listening to music

físchluichí a imirt
playing video games

pictiúir a tharraingt
drawing

leadóg a imirt
playing tennis

snámh a dhéanamh
swimming

65

Na míonna
Months of the year

Eanáir January	**Feabhra** February	**Márta** March
Aibreán April	**Bealtaine** May	**Meitheamh** June
Iúil July	**Lúnasa** August	**Meán Fómhair** September
Deireadh Fómhair October	**Samhain** November	**Nollaig** December

Cén dáta é inniu?
What's the date today?

An dara lá déag Meitheamh.
It's the 12th June.

An Luan
Monday

An Mháirt
Tuesday

An Chéadaoin
Wednesday

An Déardaoin
Thursday

An Aoine
Friday

An Satharn
Saturday

An Domhnach
Sunday

Laethanta na seachtaine
Days of the week

Na séasúir
Seasons

earrach
spring

samhradh
summer

fómhar
autumn

geimhreadh
winter

Cén aimsir atá ann?
What's the weather like?

Tá sé scamallach.
It's cloudy.

Tá sé fuar.
It's cold.

Tá ceo ann.
It's foggy.

Tá sé ag cur seaca.
It's icy.

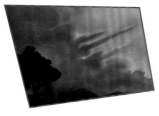

Tá sé gruama.
It's overcast.

Tá sé ag cur fearthainne.
It's raining.

Tá sé ag cur sneachta.
It's snowing.

Tá stoirm ann.
It's stormy.

Tá sé gaofar.
It's windy.

Tá sé te.
It's hot.

Tá sé grianmhar.
It's sunny.

Tá sé go breá.
It's nice.

Uimhreacha
Numbers

0 a náid	**10** a deich	**20** fiche	**81** ochtó a haon
1 a haon	**11** a haon déag	**21** fiche a haon	**82** ochtó a dó
2 a dó	**12** a dó dhéag	**22** fiche a dó	**90** nócha
3 a trí	**13** a trí déag	**30** tríocha	**91** nócha a haon
4 a ceathair	**14** a ceathair déag	**40** daichead	**100** céad
5 a cúig	**15** a cúig déag	**50** caoga	**101** céad a haon
6 a sé	**16** a sé déag	**60** seasca	**200** dhá chéad
7 a seacht	**17** a seacht déag	**70** seachtó	**250** dhá chéad is caoga
8 a hocht	**18** a hocht déag	**71** seachtó a haon	**1000** míle
9 a naoi	**19** a naoi déag	**72** seachtó a dó	**2000** dhá mhíle
		80 ochtó	**1000000** milliún

Cén t-am atá sé?
What's the time?

a haon a chlog
one o'clock

deich i ndiaidh a haon
ten past one

ceathrú i ndiaidh a haon
a quarter past one

leath i ndiaidh a haon
half past one

fiche go dtí a dó
twenty to two

ceathrú go dtí a dó
a quarter to two

Cén t-am...?
What time...?

ag ceathrú i ndiaidh a haon déag
at quarter past eleven

ag meán lae
at midday

ag a haon tráthnóna
at one o'clock in the afternoon

ag a sé a chlog
at six o'clock

ag ceathrú go dtí a naoi san oíche
at quarter to nine

ag meán oíche
at midnight

69

Cá bhfuil siad?
Where are they?

Tá an madra **taobh thiar** den teilifíseán.
The dog is **behind** the television.

Tá an carr **os comhair** an tí.
The car is **in front of** the house.

Tá an cat **in airde** ar an díon.
The cat is **up** on the roof.

Tá an luchóg **thíos** sa siléar.
The mouse is **down** in the cellar.

Tá an t-éan **i bhfad ón** gcrann.
The bird is **far away from** the tree.

Tá an crann **in aice leis** an teach.
The tree is **near** the house.

Tá sí ag dul **ón** teach **go dtí** an scoil.
She is going **from** the house **to** the school.

Tá sé **anseo**.
He is **here**.

Tá sí **ansin**.
She is **there**.

Fan liom **taobh amuigh**.
Wait for me **outside**.

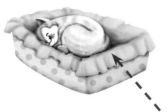

Tá an cat **sa** bhosca.
The cat is **in the** box.

Tá sé ag teacht **amach as** an ngairdín.
He is coming **out of** the garden.

Tá sé ag léim **isteach sa** linn.
He is jumping **into the** pool.

Tá sí **istigh sa** teach.
She's **inside the** house.

Tá an carr ag casadh **ar chlé**.
The car is turning **left**.

Tá an rothar ag casadh **ar dheis**.
The bike is turning **right**.

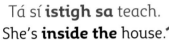

Tá an cat **faoin** tábla.
The cat is **under** the table.

Tá an madra **idir** an dá chat.
The dog is **between** the two cats.

Tá an banc **ar aghaidh** na bialainne.
The bank is **opposite** the restaurant.

Tá an madra **ar** an tolg.
The dog is **on** the sofa.

Tá an siopa báicéara **taobh leis** an ollmhargadh.
The bakery is **next to** the supermarket.

71

Nouns

Words such as 'apple', 'room' and 'friend' refer to things or persons and are called **nouns**.

In Irish you do not need a special word (like 'a' in English) to show you mean one thing or person (**singular**). **Cara** means 'friend' or 'a friend'. 'The friend' is **an cara**.

When more than one person or thing is meant (**plural**), the ending of the noun changes. There are various rules for normal plurals in Irish. But some nouns form plurals in other ways. These are **irregular plurals** and are shown in this dictionary with a small *pl*. For example:

cow
bó
(ba *pl*)

flower
bláth
(bláthanna *pl*)

The word for 'the' changes in the plural too, so 'the cows' is **na ba**.

All nouns are either **masculine** or **feminine** in Irish. You can check in the index to see if a word is masculine (**m**) or feminine (**f**). This is important because it can affect the beginning of the noun itself after **an** 'the'.

- Masculine nouns do not generally change after **an**. 'The dress' is **an gúna**, and 'the dog' is **an madra**.

  However, 'a bird' is **éan**, but 'the bird' is **an t-éan**, because **éan** begins with a vowel.

- Feminine nouns mostly change their beginnings after **an**. 'A shoulder' is **gualainn**, but 'the shoulder' is **an ghualainn**. 'A fly' is **cuileog**, but 'the fly' is **an chuileog**. Feminine nouns beginning with a vowel do not change their first letter after **an**. 'Elbow' is **uillinn**, and 'the elbow' is **an uillinn**.

Adjectives

An **adjective** is a word such as 'big' **mór**, 'blue' **gorm**, or 'clean' **glan** which describes or tells more about a noun.

Adjectives in Irish go **after** the noun ('a car black').

**black
dubh**
*a **black** car
carr **dubh***

The spelling of an adjective can change when a noun is feminine or plural.

'A big window' is **fuinneog mhór**, 'the blue sky' is **an spéir ghorm**, and 'a clean shirt' is **léine ghlan**, because the nouns being described are feminine.

**white
bán**
*I'm wearing a **white** shirt.
Léine **bhán** atá orm.*

'A town' is **baile mór** (**m**) , and 'towns' is **bailte móra**. 'The blue shirt' is **an léine ghorm** (**f**) , and 'the blue shirts' is **na léinte gorma**. It does not matter if these nouns are masculine or feminine. As long as they are plural, the adjectives describing them are plural.

Verbs

Words such as 'eat' or 'see' are **verbs** or doing words.

Verbs in Irish come at the beginning of a sentence. 'The cat **is** under the table' is **Tá** an cat faoin tábla.

The ends of verbs change depending on who or what is doing the action. Here are a few of the main Irish verbs

bí	**to be**	**déan**	**to do**
tá mé	I am	déan**aim**	I do
tá tú	you are	déan**ann** tú	you do
tá sé	he is	déan**ann** sé	he does
tá sí	she is	déan**ann** sí	she does
táimid	we are	déan**aimid**	we do
tá sibh	you are	déan**ann** sibh	you do
tá siad	they are	déan**ann** siad	they do
bheith istigh	**to be** inside	cleachtaí **a dhéanamh**	**to do** exercises

can	**to sing**	**scríobh**	**to write**
can**aim**	I sing	scríobh**aim**	I write
can**ann** tú	you sing	scríobh**ann** tú	you write
can**ann** sé	he sings	scríobh**ann** sé	he writes
can**ann** sí	she sings	scríobh**ann** sí	she writes
can**aimid**	we sing	scríobh**aimid**	we write
can**ann** sibh	you sing	scríobh**ann** sibh	you write
can**ann** siad	they sing	scríobh**ann** siad	they write
Is maith liom **canadh.**	I like **to sing**.	Tá mé **ag scríobh**.	I am **writing**.

téigh	**to go**	**foghlaim**	**to learn**
téim	I go	foghlaim**ím**	I learn
téann tú	you go	foghlaim**íonn** tú	you learn
téann sé	he goes	foghlaim**íonn** sé	he learns
téann sí	she goes	foghlaim**íonn** sí	she learns
téimid	we go	foghlaim**ímid**	we learn
téann sibh	you go	foghlaim**íonn** sibh	you learn
téann siad	they go	foghlaim**íonn** siad	they learn
Tá mam **ag dul** amach.	Mum's **going** out.	Tá sí **ag foghlaim** damhsa.	She's **learning** to dance.

All verbs in this dictionary have an example to show you how to use them.

Index

A, a

abair: **say**

abhainn *f* (aibhneacha): **river**

aerfort *m*: **airport**

aghaidh *f* (aghaidheanna): **face**

agus: **and**

aibítir *f*: **alphabet**

ainm *m* (ainmneacha): **name**

ainmhí *m* (ainmhithe): **animal**

airgead *m*: **money**

airgead póca *m*: **pocket money**

amárach: **tomorrow**

amharc: **look**

an-: **very**

anois: **now**

anraith *m*: **soup**

anseo: **here**

aon: **one, only**

arán *m*: **bread**

ard: **loud, tall**

arís: **again**

athair *m* (aithreacha): **father**

B, b

bábóg *f*: **doll**

bád *m*: **boat**

baile mór *m* (bailte móra): **town**

bainne *m*: **milk**

balla *m*: **wall**

balún *m*: **balloon**

bán: **white**

banaltra *f*: **nurse**

banana *m*: **banana**

banphrionsa *m*: **princess**

banríon *f* (banríonacha): **queen**

beag: **little**

béal *m*: **mouth**

bean *f* (mná): **lady, woman**

bean chéile *f* (mná céile): **wife**

béic: **shout**

béile *m*: **meal**

béirín *m*: **teddy bear**

bia *m*: **food**

bialann *f*: **restaurant**

blaincéad *m*: **blanket**

bláth *m* (bláthanna): **flower**

bliain *f* (blianta): **year**

bó *f* (ba): **cow**

bosca *m*: **box**

bóthar *m* (bóithre): **road**

bréagán *m*: **toy**

breithlá *m*: **birthday**

bricfeasta *m*: **breakfast**

brionglóid *f*: **dream**

brístí gearra *pl*: **shorts**

brístí géine *pl*: **jeans**

bróg *f*: **shoe**

bronntanas *m*: **present**

buaigh: **win**

buail le: **meet**

buaiteoir *m*: **winner**

buartha: **sad**

buatais *f*: **boot**

bugaí linbh *m*: **pushchair**

buí: **yellow**

buicéad *m*: **bucket**

burgar *m*: **burger**

bus *m* (busanna): **bus**

C, c

cáca *m*: **cake**

caife *m*: **coffee**

cailín *m*: **girl**

caill: **lose**

cailleach *f*: **witch**

caillte: **lost**

caipín *m*: **cap**

cairéad *m*: **carrot**

cairpéad *m*: **carpet**

cáis *f*: **cheese**

caisleán *m*: **castle**

caith: **wear**

callán *m*: **noise**

can: **sing**

caora *f* (caoirigh): **sheep**

caora fíniúna *pl*: **grapes**

capaillín *m*: **pony**

capall *m*: **horse**

cara *m* (cairde): **friend**

carbhat *m*: **tie**

carr *m* (carranna): **car**

cárta *m*: **card**

cárta poist *m*: **postcard**

cat *m*: **cat**

cathaoir *f* (cathaoireacha): **chair**

cathaoir rothaí *f* (cathaoireacha rothaí): **wheelchair**

céad: **first; hundred**

ceamara gréasáin *m*: **webcam**

ceann *m* (cinn): **head**

céanna: **same**

ceannach: **buy, buying**

ceapaire *m*: **sandwich**

cearnóg *f*: **square**

ceart: **right**

ceol *m*: **music**

cineálta: **kind**

ciorcal *m*: **circle**

cipíní itheacháin *pl*: **chopsticks**

ciseán *m*: **basket**

cistin *f* (cistineacha): **kitchen**

cithfholcadán *m*: **shower**

cleachtadh *m* (cleachtaí): **exercise**

cloch *f*: **stone**

clog *m*: **clock**

cluas: **ear**

cluiche *m*: **game**

cluin: **hear**

codail: **sleep**

cógais *pl*: **medicine**

coileán *m*: **puppy**

coinín *m*: **rabbit**

coinneal *f* (coinnle): **candle**

coinnigh: **keep**

cóisir *f*: **party**

comharsa *f* (comharsana): **neighbour**

contúirteach: **dangerous**

corp *m*: **body**

cos *f*: **leg, foot**

cóta *m*: **coat**

craiceann *m* (craicne): **skin**

crann *m*: **tree**

crua: **hard**

cuileog *f*: **fly**

cuir: **send**

cuirtín *m*: **curtain**

cuisneoir *m*: **fridge**

D, d

daid *m* (daideanna): **dad**

damhán alla *m*: **spider**

daoine *pl*: **people**

dara: **second**

de: **of**

deacair: **difficult**

déan: **do, make**

déan deifir: **hurry up**

déan gáire: **laugh**

dearg: **red**

deartháir *m* (deartháireacha): **brother**

deas: **nice**

deilf *f* (deilfeanna): **dolphin**

deireadh seachtaine *m* (deirí seachtaine): **weekend**

deirfiúr *f* (deirfiúracha): **sister**

dia duit: **hello**

dineasár *m*: **dinosaur**

dinnéar: **dinner**

díol: **sell**

dochtúir *m*: **doctor**

an Domhan: **Earth**

domhan *m*: **world**

doras *m* (doirse): **door**

dragan *m*: **dragon**

draíodóir *m*: **magician**

droch-: **bad**

droichead *m*: **bridge**

dubh: **black**

duine fásta *m* (daoine fásta): **adult**

DVD *m* (DVDanna): **DVD**

E, e

eachtrán *m*: **alien**

éadaí *pl*: **clothes**

éan *m*: **bird**

éide *f*: **uniform**

eile: **other**

eilifint *f*: **elephant**

éist: **listen**

eitleán *m*: **plane**

eitleog *f*: **kite**

eochair *f* (eochracha): **key**

F, f

faigh: **find**

fáilte: **welcome**

fáinne *m*: **ring**

fan: **wait**

fanaile *m*: **vanilla**

farraige *f*: **sea**

fás: **grow**

fathach *m*: **giant**

fear *m* (fir): **man**

féar *m*: **grass**

fear céile *m* (fir chéile): **husband**

fear grinn *m* (fir ghrinn): **clown**

fear poist *m* (fir phoist): **postman**

fear sneachta *m* (fir shneachta): **snowman**

fearthainn *f*: **rain**

feic: **see**

féileacán *m*: **butterfly**

féilire *m*: **calendar**

feisteas *m*: **costume**

feithid *f*: **insect**

feoil *f*: **meat**

fiacail *f* (fiacla): **tooth**

fiafraigh de: **ask**

fiáin: **wild**

físchluiche *m*: **video game**

focal *m*: **word**

foclóir *m*: **dictionary**

foghlaí mara *m*: **pirate**

foghlaim: **learn**

folamh: **empty**

folcadán *m*: **bath**

foraois *f*: **forest**

forc *m*: **fork**

frog *m* (froganna): **frog**

fuar: **cold**

fuinneog *f*: **window**

furasta: **easy**

G, g

gabhar *m*: **goat**

gach: **every**

gaineamh *m*: **sand**

gairdín *m*: **garden**

gallúnach *f*: **soap**

gan: **without**

gaoth *f*: **wind**

garáiste *m*: **garage**

gasta: **quick**

gasúr *m*: **boy**

gealach *f*: **moon**

giotár *m*: **guitar**

glan: **clean**

glaoigh ar: **call**

glasra *m*: **vegetable**

gleoite: **pretty**

gliú *m*: **glue**

gloine *f*: **glass**

gluaisrothar *m*: **motorbike**

glúin *f* (glúine): **knee**

go gasta: **fast**

go maith: **well**

go raibh maith agat: **thank you**

goil: **cry**

gorm: **blue**

gráinneog *f*: **hedgehog**

greamaigh: **stick**

greamán *m*: **sticker**

greannmhar: **funny**

grian *f*: **sun**

grianghraf *m*: **photo**

gruagaire *m*: **hairdresser**

gruaig *f*: **hair**

gúna *m*: **dress**

guthán *m*: **telephone**

H, h

hamstar *m*: **hamster**

hata *m*: **hat**

héileacaptar *m*: **helicopter**

I, i

i ndiaidh: **after**

iasc *m* (éisc): **fish**

iasc órga *m* (éisc órga): **goldfish**

im *m*: **butter**

imir: **play**

iníon *f* (iníonacha): **daughter**

inné: **yesterday**

inniu: **today**

ith: **eat**

J, j

jab *m* (jabanna): **job**

L, l

lá *m* (laethanta): **day**

lacha *f* (lachain): **duck**

láidir: **strong**

lámh *f* (lámha): **arm, hand**

lampa *m*: **lamp**

lán: **full**

le: **with**

le chéile: **together**

leaba *f* (leapacha): **bed**

leabhar *m*: **book**

leanbh *m* (leanaí): **baby**

leathanach *m*: **page**

léigh: **read**

léim: **jump**

léine *f* (léinte): **shirt**

leithreas *m*: **toilet**

leon *m*: **lion**

linn snámha *f* (linnte snámha): **swimming pool**

líomóid *f*: **lemon**

litir *f* (litreacha): **letter**

loch *m* (lochanna): **lake**

lón *m* (lónta): **lunch**

luchóg *f*: **mouse**

M, m

mac *m* (mic): **son**

mac tíre *m* (mic thíre): **wolf**

madra *m*: **dog**

maidin *f* (maidineacha): **morning**

maighdean mhara *f*: **mermaid**

maith: **good**

mála *m*: **bag**

mall: **late, slow**

mam *f* (mamanna): **mum**

margadh *m* (margaí): **market**

máthair *f* (máithreacha): **mother**

méar *f*: **finger**

mí *f* (míonna): **month**

mícheart: **wrong**

milseog *f*: **dessert**

miongháire *m*: **smile**

miotóg *f*: **glove**

míreanna mearaí *pl*: **jigsaw**

moncaí *m*: **monkey**

mór: **big**

mórán: **many**

muc ghuine *f*: **guinea pig**

múscail: **wake up**

N, n

nathair *f* (nathracha): **snake**

nigh: **wash**

níos lú: **less**

níos mó: **more**

nuachtán *m*: **newspaper**

O, o

ó: **from**

obair: **work**

obair bhaile *f*: **homework**

óg: **young**

oíche *f* (oícheanta): **night**

oileán *m*: **island**

ól: **drink**

ollmhargadh *m* (ollmhargaí): **supermarket**

ollphéist *f* (ollphéisteanna): **monster**

oscail: **open**

ospidéal *m*: **hospital**

otharcharr *m* (otharcharranna): **ambulance**

P, p

páipéar *m*: **paper**

páirc *f* (páirceanna): **park**

páirc súgartha *f* (páirceanna súgartha): **playground**

páiste *m*: **child, kid**

pas *m* (pasanna): **passport**

pasta *m*: **pasta**

peann *m* (pinn): **pen**

peann luaidhe *m* (pinn luaidhe): **pencil**

peata *m*: **pet**

peil *f*: **ball, football**

péinteáil: **paint**

pianó *m* (pianónna): **piano**

picnic *f*: **picnic**

pictiúr *m*: **picture**

pictiúrlann *f*: **cinema**

piscín *m*: **kitten**

piseanna *pl*: **peas**

pitseámaí *pl*: **pyjamas**

píotsa *m*: **pizza**

planda *m*: **plant**

pláta *m*: **plate**

póca *m*: **pocket**

póg *f*: **kiss**

póilín *m*: **policeman**

praiseach *f*: **mess**

práta *m*: **potato**

prionsa *m*: **prince**

puipéad *m*: **puppet**

R, r

raidió *m*: **radio**

rás *m*: **race**

réalta *f*: **star**

réidh: **ready**

rí *m* (ríthe): **king**

ríomhaire *m*: **computer**

ríomhaire glúine *m*: **laptop**

ríomhphost *m*: **email**

rís *f*: **rice**

rith: **run**

róbat *m*: **robot**

roicéad *m*: **rocket**

roimh: **before**

rothar *m*: **bicycle**

rud ar bith: **nothing**

S, s

saibhir: **rich**

salach: **dirty**

saoire *f*: **holiday**

scamall *m*: **cloud**

scáth *m* (scáthanna): **shadow**

scáth fearthainne *m* (scáthanna fearthainne): **umbrella**

scéal *m* (scéalta): **story**

scian *f* (sceana): **knife**

sciorta *m*: **skirt**

scoil *f* (scoileanna): **school**

scríobh: **write**

scuab fiacla *f*: **toothbrush**

séabra *m*: **zebra**

seachtain *f* (seachtainí): **week**

seacláid *f*: **chocolate**

seaicéad *m*: **jacket**

sean: **old**

seilide *m*: **snail**

seomra *m*: **room**

seomra leapa *m*: **bedroom**

seomra ranga *m*: **classroom**

sicín *m*: **chicken**

sióg *f*: **fairy**

siopa *m*: **shop**

sioráf *m*: **giraffe**

siosúr *sg*: **scissors**

siúil: **walk**

slán: **goodbye**

sliabh *m* (sléibhte): **mountain**

smaoineamh *m* (smaointe): **idea**

smaoinigh: **think**

sneachta *m*: **snow**

solas *m* (soilse): **light**

sona: **happy**

sorcas *m*: **circus**

spásárthach *m*: **spaceship**

spéaclaí *pl*: **glasses**

spéir *f* (spéartha): **sky**

spórt *m*: **sport**

spúnóg *f*: **spoon**

sráid *f* (sráideanna): **street**

srón *f*: **nose**

stad: **stop**

staighre *m*: **stairs**

stáisiún *m*: **station**

stoca *m*: **sock**

stór *m* (stórtha): **treasure**

sú *m*: **juice**

suaimhneach: **quiet**

suas staighre: **upstairs**

subh *f*: **jam**

suigh: **sit**

súil *f* (súile): **eye**

suíomh gréasáin *m* (suíomhanna gréasáin): **website**

T, t

T-léine *f* (T-léinte): **T-shirt**

tabhair: **bring, give**

tábla *m*: **table**

tacsaí *m*: **taxi**

tae *m*: **tea**

taibhse *f*: **ghost**

taispeáin: **show**

talamh *m* (tailte): **ground**

taos fiacla *m*: **toothpaste**

tar: **come**

tarracóir *m*: **tractor**

tarraing: **draw**

te: **hot, warm**

teach *m* (tithe): **house**

teachtaireacht téacs *f*: **text message**

teaghlach *m*: **family**

téigh: **go**

teilifís *f*: **television**

thíos staighre: **downstairs**

tine *f* (tinte): **fire**

tinn: **sick**

tinte ealaíne *pl*: **fireworks**

tíogar *m*: **tiger**

tóg: **take**

toirtís *f*: **tortoise**

tolg *m*: **sofa**

tonn *f* (tonnta): **wave**

toradh *m* (torthaí): **fruit**

tósta *m*: **toast**

trá *f* (tránna): **beach**

traein *f* (traenacha): **train**

tráta *m*: **tomato**

tráthnóna *m* (tráthnónta): **afternoon, evening**

treabhsar *m*: **trousers**

tréidlia *m* (tréidlianna): **vet**

triantán *m*: **triangle**

tríú: **third**

tuáille *m*: **towel**

tuar ceatha *m* (tuartha ceatha): **rainbow**

an tuath: **countryside**

tuig: **understand**

tuismitheoirí *pl*: **parents**

U, u

uachtar reoite *m*: **ice cream**

uair an chloig *f* (uaireanta an chloig): **hour**

uaireadóir *m*: **watch**

uan *m*: **lamb**

ubh *f* (uibheacha): **egg**

uimhir *f* (uimhreacha): **number**

uisce *m*: **water**

úll *m* (úlla): **apple**

urlár *m*: **floor**

V, v

vardrús *m*: **wardrobe**

X, x

x-gha *m* (x-ghathanna): **X-ray**

xileafón *m*: **xylophone**

Z, z

zú *m* (zúnna): **zoo**